El amor a color

APULEYO EDICIONES   FOMENTO DE VALORES   CJENTOS ILUSTRADOS

Dedicado a todas las familias del mundo.

Y a mi ilustrador.

Y a todas aquellas personas que dan alas al amor.

Ella estaba llena de fantasía. Él se enamoró de sus dragones alados y de sus mazmorras también.

Y bailaron abrazados la danza de
la felicidad por haberse encontrado.
Brillaban el color amarillo, el azul,
el verde, el rojo y el rosa también.

Pasó el tiempo y, aunque reinaban notas de colores vivos en sus vidas, aparecieron también los tonos grises.

Emplearon las palabras para avivar su gama cromática.

Y para afrontar la adversidad, cogían fuerzas viajando a Colourland.

Llegó también la rutina, pero desenvainaron sus pinceles y la vencieron.

Los años pasaron y, de la mano,
momentos difíciles sortearon.

Y el amor engendró
un amor todavía más
grande y más puro.

Y el blanco inundó
todo.

Y Colourland creció.

Y aumentaron los colores.
Y creció la magia.

También aparecieron el cansancio y las noches sin dormir.

Y llegaron más príncipes y princesas, que colmaron con hadas, dragones y otros seres mitológicos su tierra de colores.

N
BBB

Todos ellos crecieron y crearon sus propios mundos fantásticos.

Pasó el tiempo y, poco a poco, se fueron marchando de Colourland para crear su propio mundo maravilloso.

Y el vacío reinó un tiempo.

Tuvieron que reinventarse y volver a sacar la paleta de colores para dar brillo a sus vidas.

Llegaron también las pérdidas.
Y lloraron azul oscuro.

El mago del tiempo les tendió
una mano. Se vistieron de flores
y bailaron para
celebrar la vida.

Y la vida llamó a la vida y llegaron nuevas generaciones de príncipes y princesas. Y los colores bailaron y jugaron.

Redescubrieron la infancia.

La paladearon con la calma que dan los años.

Siguieron disfrutando, aunque ya con los ojos agrisados y el corazón cansado.

Y un día, uno de ellos
se mudó para siempre a
Colourland.

El otro no supo colorear más.

Así que apareció el color negro y lo acompañó
a la puerta de su tierra de ensueño y se marchó.

Se abrió la puerta y allí estaba ella. Le tendió la mano y le dio un nuevo pincel.

Desde entonces, estos coloristas no han dejado de dar color al amor. Y el amor llamó al amor y nació el amor eterno.

© Sandra Moro Ramos (de la obra)
©Apuleyo Ediciones (de esta edición)
Primera edición en Apuleyo Ediciones: Febrero 2024
Diseño de cubierta: Sofía Corzo González
Corrección: Aitor Andreu Guerrero
Maquetación: Alejandro Bermejo Cercas
Ilustraciones: Mateo Quintero Moro y Sandra Moro Ramos en colaboración con Apuleyo Ediciones
Coordinación editorial: Isidoro Cidre González
info@apuleyoediciones.com
www.apuleyoediciones.com
ISBN: 978-84-10014-61-9
Depósito legal: H 409-2023

Hecho e impreso en España.

Sandra Moro Ramos

APULEYO EDICIONES   FOMENTO DE VALORES   CUENTOS ILUSTRADOS